Religionsbuch

für das erste Schuljahr

Patmos

Zugelassen durch die Lehrbuchkommission
der Deutschen Bischofskonferenz

Herausgegeben von
Hubertus Halbfas

in Verbindung mit

Relindis Agethen (Bilder)
Annemarie und Josef Schelbert (Zeichnungen)
Hartmut Vogler (Fotografie)
Vera Pellaton (Layout)

Inhaltlich unveränderte Ausgabe 1997
unter Berücksichtigung der Neuregelung
der Rechtschreibung

6 5 4 3 / 07 06 05 04

Reproduktionen: Schwitter AG, Basel
Satz, Druck und Bindung: Druckerei Parzeller, Fulda
ISBN 3-491-73408-8

Im Klassenzimmer

Im Klassenzimmer

9

Wir richten uns ein

Wir richten uns ein

In der Arbeitszeit flüstern wir

Wir helfen uns

Wir wollen nicht petzen

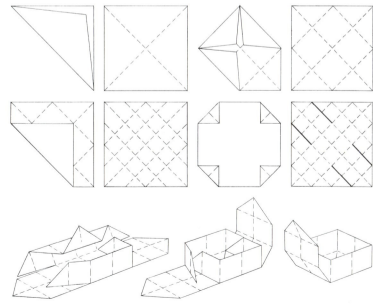

Stille werden

Schaut den Flötenspieler an!
Er ist ganz ruhig.
Er lauscht in sich hinein.
Nichts stört ihn.
Seine Musik kommt von innen.
Wer sie hören will, muss stille werden.

Auch Bilder haben eine Musik.
Vielleicht ist sie leise
und kommt von weit her.
Vielleicht ist sie fremd
und nicht gleich zu verstehen.
Ihr müsst geduldig lauschen
und immer wieder hinsehen.

Schaut den Flötenspieler an,
dann schließt die Augen
und werdet stille,
bevor ihr ein neues Bild betrachtet.

Zuhören

Wir feiern die Zeiten und Feste
Warum?

Fragt nicht so dumm
Wir brauchen Sankt Martin und Nikolaus
Wir brauchen Stille und Freude im Haus
Wir brauchen den Christbaum in dunkler Zeit
Zu Fastnacht Spaß und Heiterkeit
Wir brauchen zu Ostern Eier
Gemeinsam das Fest und die Feier
Wir brauchen das Licht und den Tanz
Wir brauchen ein bisschen Glanz

Erntedank

Franz von Assisi

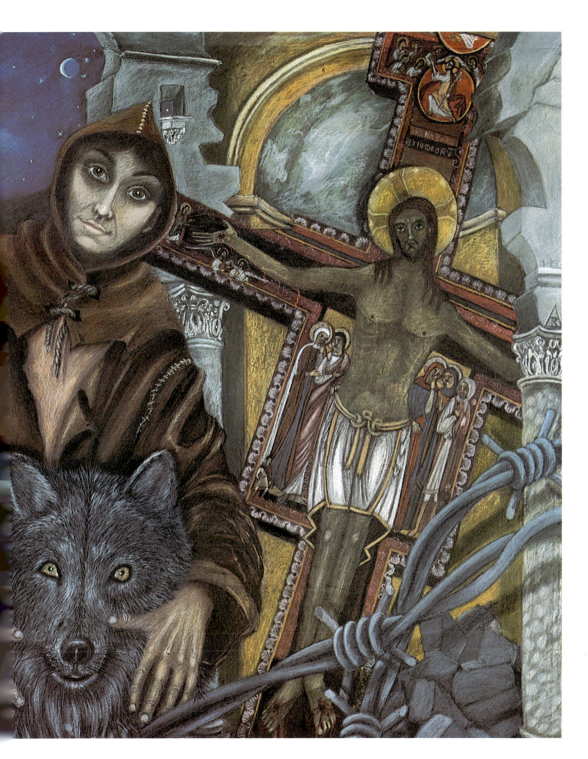

Allerseelen

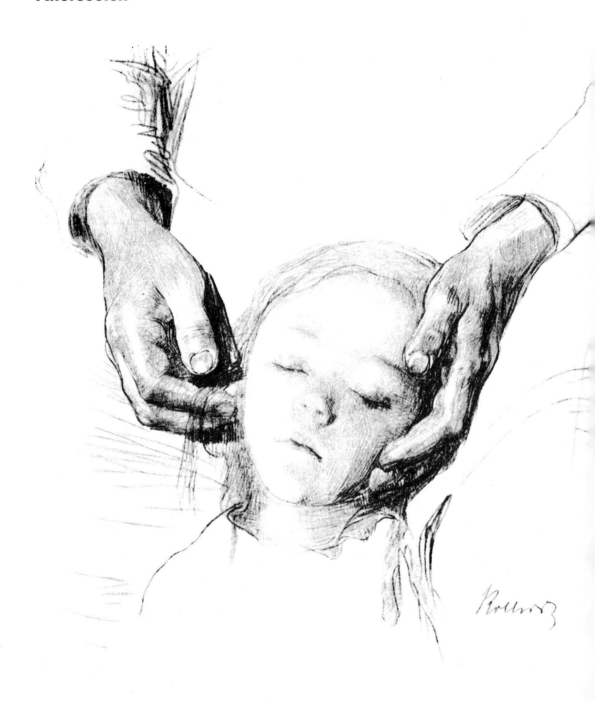

Der Tod ist das Tor zum Leben

In welche Hände wird der Mensch gegeben?

Martin von Tours

Martin
Martin hör

teilen fällt
uns schwer

Martin
guter Mann

zünd ein
Licht uns an

Martin
sag uns klipp und klar

was ist gut
und was ist wahr

Martin
Bischof heilger Mann

steck auch
unsern Bischof an

Martin
Martin hör

teilen
fällt uns schwer

Im Land Thüringen herrschte große Hungersnot. Elisabeth verteilte die ganze Ernte des Jahres an die Armen. Sie verkaufte allen Schmuck, den sie vom Königshof in Ungarn mitgebracht hatte: Silber, Gold, Edelsteine und kostbare Seidenstoffe. Das Geld gab sie den Hungernden.

Einmal pflegte Elisabeth einen Aussätzigen. Um besser für
ihn sorgen zu können, legte sie ihn in das Bett ihres Mannes. Der
Landgraf hörte davon und eilte heim. Da öffnete ihm Gott die
inneren Augen: Er sah den gekreuzigten Christus. „Elisabeth",
sagte er, „solche Gäste sollst du gar oft in mein Bett legen."

Nikolaus von Myra

Was du teilen kannst

Wenn du klein bist,
den Apfel und das Brot.
Wenn du größer bist,
die Freude und die Not.

Dich selber?
Nie!
Aber die Liebe,
von der du lebst:
Weißt du wie?

Advent

Wer klopfet an?
O zwei gar arme Leut!
Was wollt ihr denn?
O gebt uns Herberg heut!
O durch Gottes Lieb wir bitten,
öffnet uns doch eure Hütten!
O nein, nein, nein!
O lasset uns doch ein!
Es kann nicht sein!
Wir wollen dankbar sein.
Nein, nein, nein,
es kann nicht sein.
Da geht nur fort,
ihr kommt nicht rein.

Wer vor der Tür?
Ein Weib mit ihrem Mann.
Was wollt denn ihr?
Hört unser Bitten an!
Lasset heut bei euch uns wohnen,
Gott wird euch schon alles lohnen!
Was zahlt ihr mir?
Kein Geld besitzen wir!
Dann geht von hier!
O öffnet uns die Tür!
Ei, macht mir
kein Ungestüm,
da packt euch,
geht woanders hin.

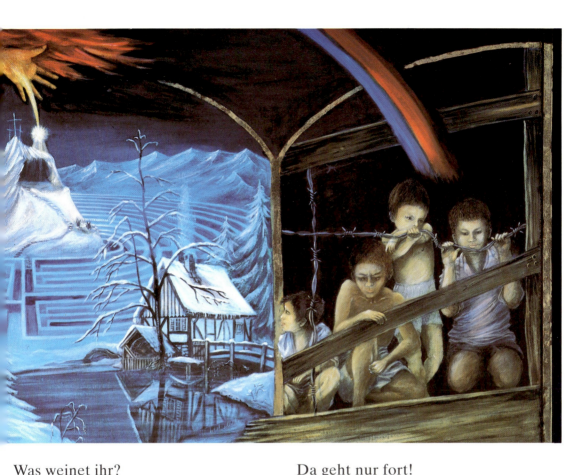

Was weinet ihr?
Vor Kält erstarren wir.
Wer kann dafür?
O gebt uns doch Quartier!
Überall sind wir verstoßen,
jedes Tor ist uns verschlossen!
So bleibt halt drauß!
O öffnet uns das Haus!
Da wird nichts draus.
Zeigt uns ein andres Haus!
Dort geht hin
zur nächsten Tür!
Ich hab nicht Platz,
geht nur von hier!

Da geht nur fort!
O Freund, wohin? Woaus?
Ein Viehstall dort!
Geh, Josef, nur hinaus!
O mein Kind, nach Gottes Willen
musst du schon die Armut fühlen.
Jetzt packt euch fort!
O dies sind harte Wort!
Zum Viehstall dort!
O wohl ein schlechter Ort!
Ei, der Ort
ist gut für euch;
ihr braucht nicht viel.
Da geht nur gleich!

Weihnachten

Erscheinung des Herrn

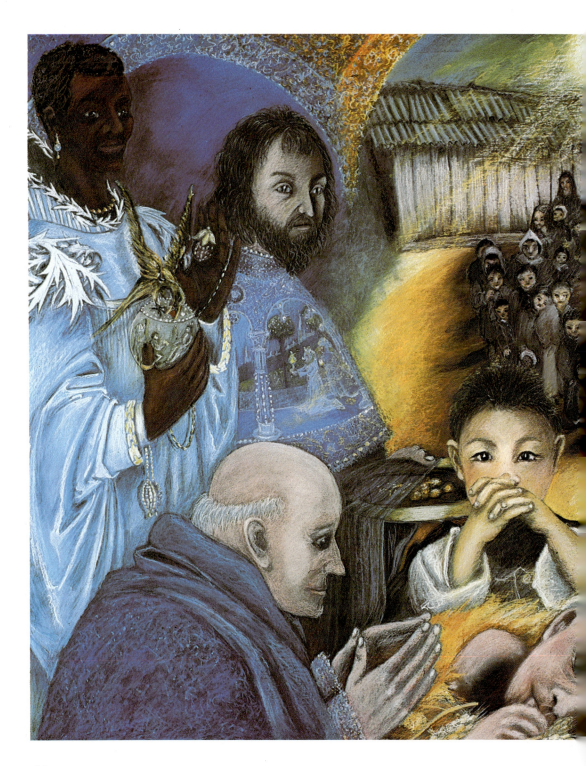

Fastnacht

Wir waren beim
Fastnachtszug.
Drachen, Hexen
und Clowns
tanzten da.
Am besten haben mir
die Lachgesichter gefallen.

Als wir heimgingen,
hat einer seine Maske
noch aufgehabt.
Als er sie abnahm,
war da
ein todernstes Gesicht.

Passion

Wer stellt
die Kreuze in die Welt?
Wer arbeitet
für Macht und Geld
und lässt
den Bruder hängen?

Ostern

Wer macht
von Tod und Ängsten frei?
Wer macht,
dass endlich Frieden sei?
Herr Christ,
hilf du uns leben!

Text: Verlag Werner Dausien, Hanau

Kann jeder sehen, der sehen kann?

Es ist nicht so einfach
wie du denkst
Wer meint
er könnte es schon längst
soll auf den nächsten
Seiten lesen
wie es gewesen
bei Bettler und Hirt
und prüfen dann
ob mit Aug und Herz
er sehen kann

Die Geschichte vom Korb mit den wunderbaren Sachen

Es war einmal ein Mann, der hatte eine wunderbare Rinderherde. Alle Tiere trugen ein schwarz-weißes Fell; das war geheimnisvoll wie die Nacht.
Der Mann liebte seine Kühe und führte sie immer auf die besten Weiden. Wenn er abends die Kühe beobachtete, wie sie zufrieden waren und wiederkäuten, dachte er: „Morgen früh werden sie viel Milch geben!"

Eines Morgens jedoch, als er seine Kühe melken wollte, waren die Euter schlaff und leer. Er glaubte, es habe an Futter gefehlt, und führte seine Herde am nächsten Tag auf saftigen Weidegrund. Er sah, wie sie sich satt fraßen und zufrieden waren, aber am folgenden Morgen hingen die Euter wieder schlaff und leer. Da trieb er die Kühe zum drittenmal auf neue Weide, doch auch diesmal gaben die Kühe keine Milch.

Jetzt legte er sich auf die Lauer und beobachtete das Vieh. Als um Mitternacht der Mond weiß am Himmel stand, sah er, wie sich eine Strickleiter von den Sternen heruntersenkte. Auf ihr schwebten sanft und weich junge Frauen aus dem Himmelsvolk herab. Sie waren schön und fröhlich, lachten einander leise zu und gingen zu den Kühen, um sie leer zu melken.

Da sprang er auf und wollte sie fangen, aber sie stoben auseinander und flohen zum Himmel hinauf.

Es gelang ihm aber eine von ihnen festzuhalten, die allerschönste. Er behielt sie bei sich und machte sie zu seiner Frau.

Täglich ging nun seine neue Frau auf die Felder und arbeitete für ihn, während er sein Vieh hütete. Sie waren glücklich und die gemeinsame Arbeit machte sie reich. Eines aber quälte ihn: Als er seine Frau eingefangen hatte, trug sie einen Korb bei sich. „Niemals darfst du da hineinschauen!", hatte sie gesagt. „Wenn du es dennoch tust, wird uns beide großes Unglück treffen."

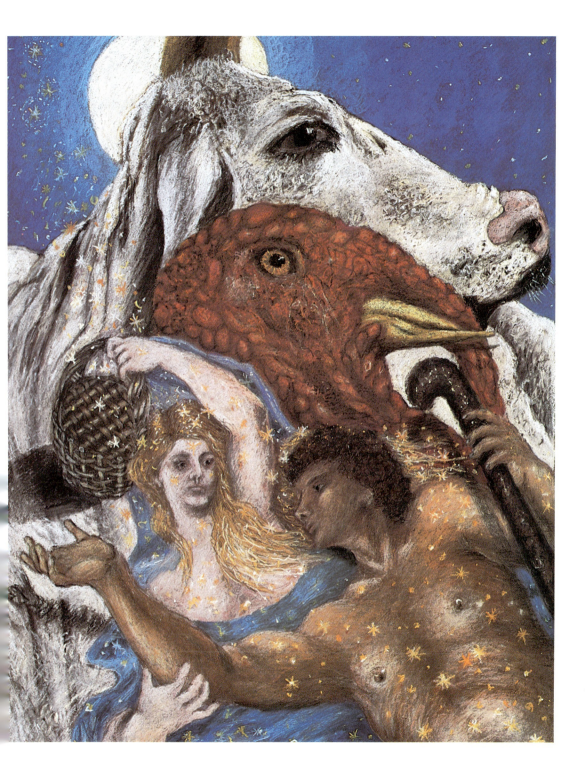

Nach einiger Zeit vergaß der Mann sein Versprechen. Als er einmal allein im Hause war, sah er den Korb im Dunkeln stehen, zog das Tuch davon und brach in lautes Lachen aus.

Als seine Frau heimkehrte, wusste sie sofort, was geschehen war. Sie schaute ihn an und sagte weinend: „Du hast in den Korb geschaut!" Der Mann aber lachte nur und sagte: „Du dummes Weib, was soll das Geheimnis um diesen Korb? Da ist ja gar nichts drin!"

Aber noch während er dies sagte, wendete sie sich von ihm ab, ging in den Sonnenuntergang und wurde auf Erden nie wieder gesehen.

Und wisst ihr, warum sie wegging?
Nicht, weil er sein Versprechen gebrochen hatte.
Sie ging, weil er die schönen Sachen, die sie
vom Himmel für beide mitgebracht hatte,
nicht sehen konnte und darüber sogar noch lachte.

Das Gleichnis von den Blinden

Die Heilung des Blinden

Als Jesus mit seinen Jüngern und viel Volk
von Jericho aufbrach,
saß Bartimäus, ein blinder Bettler,
am Wege. Und als er hörte,
es sei Jesus, der Nazarener,
fing er an zu schreien:
„Sohn Davids, Jesus, erbarme dich meiner!"
Da fuhren ihn viele an,
er solle schweigen.
Er aber schrie noch lauter:
„Sohn Davids, Jesus, erbarme dich meiner!"
Da blieb Jesus stehen und sagte:
„Ruft ihn her!"
Und sie riefen den Blinden
und sagten zu ihm:
„Trau dich! Steh auf! Er ruft dich!"
Da warf er seinen Mantel ab, sprang auf
und kam zu Jesus.
Und Jesus redete ihn an und sprach zu ihm:
„Was willst du, dass ich dir tun soll?"
„Rabbuni, ich möchte wieder sehen können."
Da sprach Jesus zu ihm:
„Geh, dein Glaube hat dir geholfen."

Und sogleich konnte er wieder sehen
und folgte ihm auf dem Weg.

Da kommt ein Kind zu Jesus
und ruft: „Jesus!
Ich kann meinen Bruder nicht mehr sehen!"
„Wie?", sagt Jesus,
„du kannst deinen Bruder nicht mehr sehen?
Wie kommt denn das?"

Da sagt das Kind:
„Mein Bruder hat mich geärgert."
Da sagt Jesus: „Aber sieh mal!
Dein Bruder teilt mit dir das Butterbrot,
wenn du Hunger hast.
Dein Bruder spielt mit dir,
wenn kein anderer mit dir spielen will.
Dein Bruder beschützt dich immer,
wenn andere Kinder dich verhauen wollen."

Da konnte das Kind
seinen Bruder wieder sehen.

Wenn du anfängst
mit seinen Augen zu sehen,
jeden Tag,
gehen den Blindgemachten
die Augen auf!

Nicht alles ist gleich zu verstehen
weil Worte doppelbödig sind

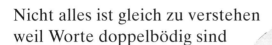

Gibt es Blinde
die sehen
und Augenlicht
das blind?

Gibt es Lahme
die gehen
und Alte
die ein Kind?

Was heißt blind
und was heißt sehen?
Was heißt lahm
und was heißt gehen?

Nicht alles ist gleich zu verstehen
weil Worte doppelbödig sind

Augen, die nicht sehen

Man sieht nur mit dem Herzen gut

Nicht alles können Worte sagen!
Was machen die Birkenblätter im Wind?
Du weißt es selbst nicht in hundert Tagen.
Mit welcher Liebe liebt die Mutter ihr Kind?
Wer hat Sprache für solche Fragen?

Nicht alles können Worte sagen!
Wir reichen die Hand: Ist das nicht mehr
als Reden voller Lob und Klagen?
Wir küssen einander: Das sagt, wie sehr
wir unsere Liebe im Herzen tragen.

Licht

Goldene Sonne, Wärme und Licht.
Freude verströmt dein Angesicht.
Die Erde lacht. Es reift das Korn.
Du gibst das Brot. Nun endet die Not.

Silbermond, der Sonne Widerschein.
Dein Licht wächst an und sinkt,
teilt unsere Zeiten ein.
Der Sterne Glanz, aus Himmelswüsten blinkt.

Licht

Dû bist mîn, ich bin dîn:
des solt dû gewis sîn.
dû bist beslozzen
            in mînem herzen:
verlorn ist daz slüzzelîn:
dû muost immer drinne sîn.

Der eiserne Heinrich

Am andern Morgen kam ein Wagen herangefahren und darauf stand der Diener des jungen Königs, das war der treue Heinrich. Der hatte sich so betrübt, als sein Herr war in einen Frosch verwandelt worden, dass er drei eiserne Ringe um sein Herz legen musste, damit es nicht vor Traurigkeit zerspränge.

Der Wagen aber sollte den jungen König in sein Reich abholen. Der treue Heinrich hob beide hinein, stellt sich hinten auf und war voller Freude über die Erlösung. Und als sie ein Stück Wegs gefahren waren, hörte der Königssohn hinter sich ein Krachen, als wäre etwas zerbrochen. Da drehte er sich um und rief:

> „Heinrich, der Wagen bricht!"
> „Nein, Herr, der Wagen nicht.
> Es ist ein Band von meinem Herzen,
> Das da lag in großen Schmerzen,
> Als ihr in dem Brunnen saßt,
> Als ihr eine Fretsche wast."

Noch einmal und noch einmal krachte es auf dem Weg und der Königssohn meinte immer, der Wagen bräche, und es waren doch nur die Bande, die vom Herzen des treuen Heinrich absprangen, weil sein Herr erlöst und glücklich war.

Herz

Wo euer Schatz ist,
ist auch euer Herz.

Dieser Mann heißt Herzauge.
Er ist ein Herzseher.
Was sieht ein Herzseher?

Tür

Tür

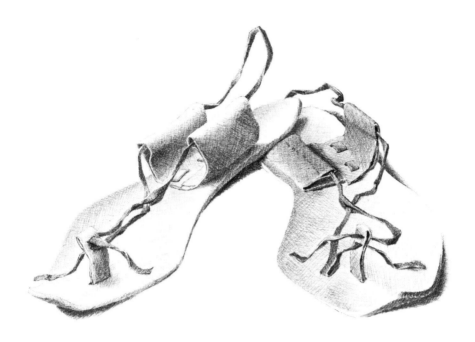

Wie Menschen heute leben,
ging es nicht immer zu.
In fremden Zeiten, Ländern
schnürt' anders man den Schuh.

So auch in Jesu Heimat,
wo heiß die Sonne brennt.
Man wohnt und lebt dort anders,
als unsereins es kennt.

Drum seht auf diesen Seiten,
wie's war in Dorf und Haus,
wie man bestellt den Acker,
fischt, backt und kocht zum Schmaus.

Die Arbeit des Bauern

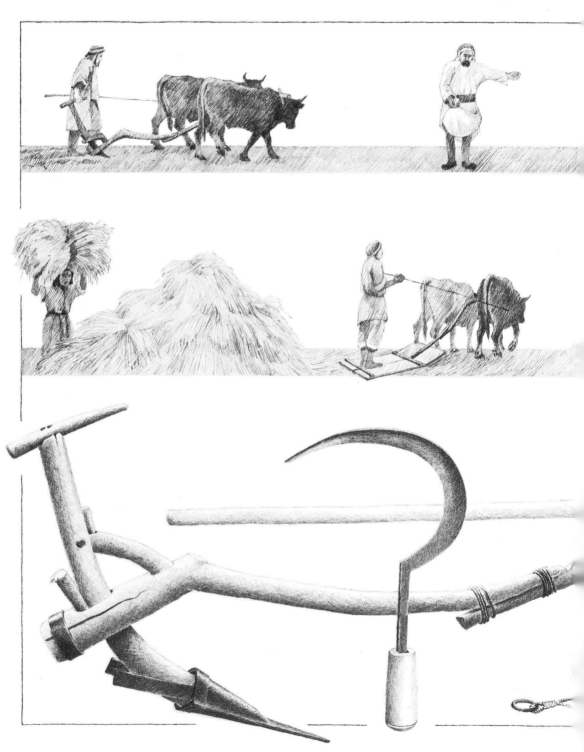

Die Arbeit des Fischers

Im Dorf

Spinnen und Weben

Auf dem Markt

Im Haushof

Das tägliche Brot

Im Haus

Palästina

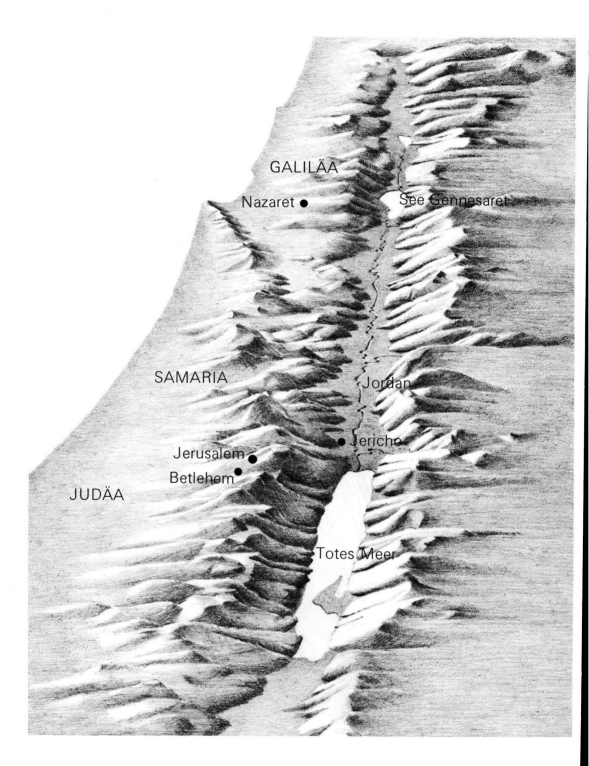

GALILÄA

Nazaret ●

See Gennesaret

SAMARIA

Jordan

Jericho ●

Jerusalem ●
Betlehem ●

JUDÄA

Totes Meer

Gemeinsam essen

Ordnungsdienste

Tee - und Spüldienst:

| | Torsten | Patrick | Sabine | Melanie | Dirk | Wilfred | Nadine | Marion | Andrea | Havva | Sadiye | Antonio | Christian 1 | Erwin | Harald | Jan | Josef | Daniela | Tiziana | Christian 2 | Peter |

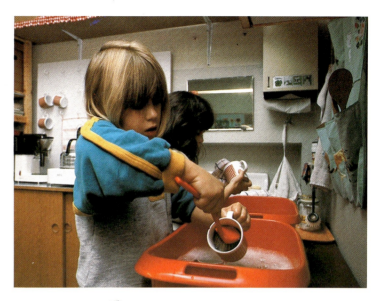

Erzählen...

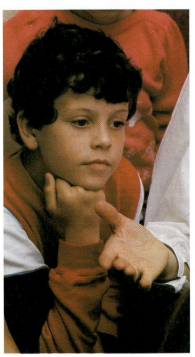

und musizieren

Nachwort für Eltern und Lehrer

Es wird von einem Vater erzählt, der seinen jüngsten Sohn in die Welt schickte, damit er etwas Tüchtiges lerne. Der Junge kam zu einem Meister und blieb dort ein Jahr lang. Als er heimkehrte, fragte der Vater seinen Sohn: „Nun, mein Sohn, was hast du gelernt?" „Vater, ich habe gelernt, was die Hunde bellen." „Dass Gott erbarm", rief der Vater aus, „ist das alles, was du gelernt hast? Ich will dich in eine andere Stadt zu einem anderen Meister tun." Der Junge blieb bei diesem Lehrmeister auch ein Jahr. Als er zurückkam, fragte der Vater wiederum: „Mein Sohn, was hast du gelernt?" – „Vater, ich habe gelernt, was die Vögel sprechen." Da geriet der Vater in Zorn und sprach: „O du verlorener Mensch, hast die kostbare Zeit hingebracht und nichts gelernt! Ich will dich zu einem dritten Meister schicken!" Auch hier blieb der Junge ein ganzes Jahr, und als er wieder nach Hause kam, fragte der Vater: „Mein Sohn, was hast du gelernt?" „Lieber Vater", antwortete der Junge, „ich habe dieses Jahr gelernt, was die Frösche quaken." Da verlor der Vater alle Hoffnung, dass sein Sohn noch etwas Rechtes lernen könne, und wies ihn aus dem Haus.

Es wird weiter erzählt, die drei unnützen Sprachen seien dennoch das einzig Wichtige für den Jungen geworden. Mit ihrer Hilfe konnte er fortan die Stimmen von Himmel und Erde verstehen. Sie halfen ihm sein Leben zu bewahren und das Glück zu finden.

Manch ein Zeitgenosse mag in ähnlicher Weise die Sinne, mit denen der Religionsunterricht begabt, unnütz finden, aber es kann sich zeigen, dass auch hier das vermeintlich Überflüssige zum wirklich Notwendigen wird: das „dritte Auge" für verborgenen Sinn, das feine Ohr für die Stimmen der Stille, das sensible Herz für fremde Not.

Unser Religionsbuch möchte solches Sehen und Hören fördern. Es soll den Kindern helfen ihren Weg zum Wasser des Lebens zu finden.

Die Schritte dieses Buches führen weniger über das Wort als über das Bild. Das ist eine Sprache eigener Art, die manches besser sagen lässt, als Worte es können. Während das Abbild Sichtbares wiedergibt, will das Bild sichtbar machen. Darum muss ein wahres Bild mehr sein, als Kinder ausschöpfen können. Ist es gut, gleicht es einem Brunnen, den man nicht leeren kann, über dessen Rand blickend man aber immer auch sein eigenes Bild findet, einerlei, ob das Gesicht jung oder alt sein mag.

Bilder begleiten durchs Leben. Viele Menschen behalten die Bilder ihrer ersten Bücher stets vor Augen. Deswegen müssen die Bilder eines Religionsbuches mehr Gehalt, mehr Tiefe und Sinnbezug haben, als Kinder sprachlich ausmessen können. Es sollen keine Medien für einmaligen Verbrauch sein, sondern Quellgründe, zu denen der Unterricht immer wieder, selbst in späteren Jahren, sinnend und schöpfend zurückkehrt.

Auch die Texte unseres Buches weisen über den Tag hinaus. Sie sprechen deshalb poetisch, bieten sich oft als Verse an, damit Kinder sie inwendig – auswendig lernen können, ohne bereits lesefähig zu sein. Text und Bild zusammen aber wollen eine religiöse Sprachlehre vermitteln, die den Kindern hilft das Wort Gottes in sich aufzunehmen.

Unser Buch führt anfänglich in die Schulwelt ein. Wenn die Kinder dort nicht behaust sind, bleibt der Religionsunterricht ohnmächtig. Der Hauptteil begleitet dann durch das Kirchenjahr. Hier ist jedes einzelne Fest eine Summe des Evangeliums. In ihrem Zusammenhang bieten die Feste des Kirchenjahres eine Einführung ins Christentum. Mit ihren Bildern und Geschichten, Legenden, Bräuchen und Liedern bietet diese Folge außerdem eine so reiche Begegnung mit der symbolischen Sprache des Glaubens, dass der Religionsunterricht in den Folgejahren auf einen wichtigen religiösen Erfahrungsschatz zurückgreifen kann.

Der Abschnitt „Sehen lernen" sowie die Kurse „Sprachverständnis", „Symbolverständnis" und „Bibelverständnis" stützen sich gegenseitig. Sie erschließen Inhalte, die im gesamten Buch angelegt sind. Hier geht es darum, religiöse Erfahrungs- und Sprechweisen von Grund auf zu erlernen, um auf diesem Weg den „Sinn für den Sinn" zu entwickeln.

Unser Religionsbuch stellt an Bilder und Texte hohe Qualitätsansprüche. Dafür kommt es dem Unterricht mit einem Angebot entgegen, das einer regen und wiederholten Beschäftigung standhält. Es ist der Wunsch aller Mitarbeiter, die Kinder möchten verstehen lernen, „was die Vögel sprechen" – das Unbekannte im Vertrauten, das Wort hinter den Wörtern –, damit diese Kunde ihr Leben gut und glücklich mache.

Quellenverzeichnis

Bilder

6 Blir du lönsam, Lille vän, 1971/72, 200 x 310 cm (Peter Tillberg), Moderna Museet, Stockholm. © VG Bild-Kunst, Bonn 1997

15 Der Flötenspieler (Ernst Barlach). © Ernst und Hans Barlach Lizenzverwaltung, Ratzeburg

16 Der Hörende (Toni Zenz). Pax Christi Kirche, Essen. Foto: Hartmut Vogler, Ratingen

22 Das kranke Kind (Käthe Kollwitz) und

23 Grabrelief (Käthe Kollwitz). © VG Bild-Kunst, Bonn 1997

26 Elisabeth von Thüringen (Tafel 17 des Elisabeth-Zyklus, Lübeck).

27 Elisabeth von Thüringen (Tafel 18 des Elisabeth-Zyklus, Lübeck).

32/33 Anbetung der Hirten (Georges de la Tour).

52/53 Gleichnis von den Blinden (Pieter Bruegel).

57 Einzelfigur aus „Die Imker"

58 oben rechts: wie 52/53

58/59 Die Imker und der Nestdieb (Pieter Bruegel).

59 unten: Das blinde Schwesterchen (Paula Modersohn-Becker).

62 Die Ernte (Vincent van Gogh).

63 van Gogh, Vincent. The Starry Night (1998). Oil on canvas, 29 x 36¹/₄". Collection, The Museum of Modern Art, New York. Acquired through the Lillie P. Bliss Bequest.

64 1 Ewiges Licht. © Bildagentur Mauritius, Frankfurt/M. Foto: Norbert Fischer

2 Opferkerzen in Lourdes. © ZEFA Agentur, Düsseldorf. Foto: E. M. Bordis

5 Kuppel in Rumänien. © Anthony Verlag, Starnberg

6 Adventsingen in der Lorenzkirche Nürnberg. © Bildagentur Mauritius, Frankfurt/M.

7 Allerheiligen im Navis-Tal, Österreich. © ZEFA Agentur, Düsseldorf. Foto: V. Wentzel

65 Gott ist Licht (Hildegardis-Codex). © Brepols, Turnhout/Belgien

68 Predigt des Heiligen Antonius (Hans Fries).

69 Herzauge (HAP Grieshaber). © VG Bild-Kunst, Bonn 1997

71 unten links: Hochzeitstür. © Bildarchiv Horst von Irmer, München

72 Portal Schlosskapelle Tirol. © Tappeiner Werbefoto, Meran

Texte/Lieder

17 Überarbeitet nach: Wilhelm Willms, aus der Luft gegriffen, Kevelaer 1976, S. 80

25 A. a. O., S. 141

29 Max Bolliger, Weißt du, warum wir lachen und weinen?, Lahr 1977, S. 89

39 ff. Armin Juhre, Stadtrand, in: Gisbert Kranz, Bildmeditation der Dichter. Verse auf christliche Kunst, Regensburg 1976, S. 125

42 Zwei schnelle Füße. Melodie: Gerd Watkinson, „111 Kinderlieder zur Bibel", Christophorus Verlag, Freiburg und Verlag Ernst Kaufmann, Lahr. Text: Verlag Werner Dausien, Hanau

44–50 Nacherzählt nach: Laurens van der Post, The creative pattern in primitive Africa, in: Eranos Jahrbuch 1956, Zürich 1957

56 oben: Überarbeitet nach: Wilhelm Willms, a. a. O. S. 32, unten: Dorothee Sölle, Meditations- und Gebrauchstexte, Berlin 1969, S. 16